BEI GRIN MACHT SICH IHR WISSEN BEZAHLT

AF140727

- Wir veröffentlichen Ihre Hausarbeit,
  Bachelor- und Masterarbeit

- Ihr eigenes eBook und Buch -
  weltweit in allen wichtigen Shops

- Verdienen Sie an jedem Verkauf

Jetzt bei www.GRIN.com hochladen und kostenlos publizieren

GRIN

Bibliografische Information der Deutschen Nationalbibliothek:

Die Deutsche Bibliothek verzeichnet diese Publikation in der Deutschen National-
bibliografie; detaillierte bibliografische Daten sind im Internet über http://dnb.d-
nb.de/ abrufbar.

Impressum:

Copyright © 2016 GRIN Verlag
Druck und Bindung: Books on Demand GmbH, Norderstedt Germany
ISBN: 9783668807822

Dieses Buch bei GRIN:

https://www.grin.com/document/442385

Elisabete Henriques Ferreira

Psychologie des Gesundheitsverhaltens. Selbstwirksamkeitserwartung, Ernährungsverhalten und Beratungsgespräch zum Thema "Übergewicht"

GRIN Verlag

GRIN - Your knowledge has value

Der GRIN Verlag publiziert seit 1998 wissenschaftliche Arbeiten von Studenten, Hochschullehrern und anderen Akademikern als eBook und gedrucktes Buch. Die Verlagswebsite www.grin.com ist die ideale Plattform zur Veröffentlichung von Hausarbeiten, Abschlussarbeiten, wissenschaftlichen Aufsätzen, Dissertationen und Fachbüchern.

Besuchen Sie uns im Internet:

http://www.grin.com/

http://www.facebook.com/grincom

http://www.twitter.com/grin_com

Deutsche Hochschule für
Prävention und Gesundheitsmanagement
Hermann Neuberger Sportschule 3
66123 Saarbrücken

Einsendeaufgabe

Fachmodul: Psychologie des Gesundheitsverhaltens

Studiengang: Gesundheitsmanagement

Name, Vorname: Henriques Ferreira, Elisabete

Studienort: Stuttgart

Semester: Wintersemester 2015

Inhaltsverzeichnis

1. Selbstwirksamkeitserwartung

1.1 Definition von Selbstwirksamkeitserwartung

„Selbstwirksamkeitserwartung wird definiert als die subjektive Gewissheit, neue oder schwierige Anforderungssituationen aufgrund eigener Kompetenz bewältigen zu können." (Schwarzer, 2004, S.12)

Bei setzen von Zielen bzw. Meisterung von Problemen, wird ein enger Zusammenhang zwischen Maß der Selbstwirksamkeitserwartung und dem angestrebten Erfolg aufgezeigt. Personen mit einer hohen Selbstwirksamkeitserwartung bzw. Kompetenzerwartung, ent-gegnen Anforderungssituation selbstbewusst und verbinden mit ihr ein positives Gefühl. (Pieter, 2015, S.137-138).

Durch diese positive Haltung wird Motivation erzeugt, welche häufig zum ersehnten Erfolg führt, was wiederum die Verfahrensweise der Person bestätigt und gleichzeitig ihre Selbstwirksamkeitserwartung erhöht. Diesen Erfolg attribuieren sie internal bzw. schreiben sie sich selber zu. Hingegen lassen sich Personen mit einer nur schwach ausgeprägten Selbstwirksamkeitserwartung von schwierigen Anforderungssituationen schneller aus dem Konzept bringen und schreiben sich Misserfolg selber zu. Erfolg schreiben sie allerdings eher externen Faktoren zu. (Pieter, 2015, S.148)

1.2 Spezifische Selbstwirksamkeit zur gesunden Ernährung

1.2.1 Fragebogen zur gesunden Ernährung

Der folgende Fragebogen bezieht sich auf die spezifische Selbstwirksamkeitserwartung zum Thema gesunde Ernährung. Der Fragebogen beinhaltet 18 Fragen mit fünf Antwortmöglichkeiten, wovon Antwortmöglichkeit eins eine niedrige und fünf eine hohe Selbstwirksamkeitserwartung zur gesunden Ernährung aufzeigt.

Tab. 1: Itemanalyse der Skala zur spezifischen Selbstwirksamkeit zur gesunden Ernährung (Gölz et al., 1998, S.39)

Ich bin mir sicher, mich auch gesund ernähren zu können, wenn:	Gar nicht sicher (1)	Eher unsicher (2)	Teilsteils (3)	Eher sicher (4)	Ganz sicher (5)
...ich im Restaurant bin.					
...ich alleine bin.					
...es mir langweilig ist.					
...ich im Urlaub / auf Ausflügen bin.					
...ich mir etwas Besonderes gönnen möchte.					
...ich Ärger habe.					
...ich deprimiert bin.					
...Wochenenden / Feiertage sind.					
...ich Stress habe.					
...ich von Freunden / Bekannten eingeladen bin.					
...ich enttäuscht bin.					
...auf einem größeren Fest (Hochzeit, Geburtstag) bin.					
...nervös bin.					
...ich nicht auffallen will.					
...sich jemand besondere Mühe beim Kochen gemacht hat.					
...ich keine Zeit habe, mich um Einkauf und Zubereitung zu kümmern.					
...ich Heißhunger auf etwas Bestimmtes habe.					
...es etwas Leckeres, aber Ungesundes gibt.					

1.2.2 Auswertung und Ergebnisse des Fragebogens

Der Fragebogen wurde an fünf männlichen Personen aus meinem beruflichen (BU) und privaten Umfeld (PU) ausgeführt und zeigt folgende Ergebnisse:

Abb. 1: Auswertung des Fragebogens zur spezifischen Selbstwirksamkeit zur gesunden Ernährung" (eigene Darstellung).

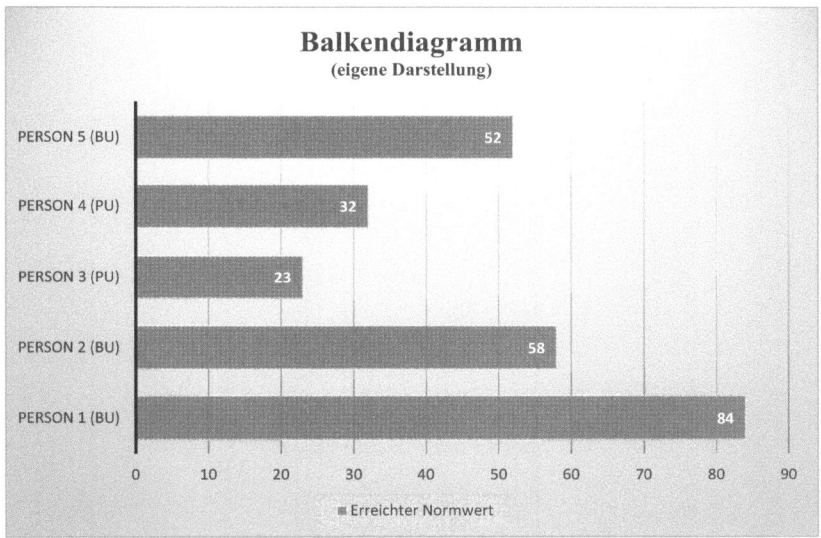

Die Ergebnisse der Teilnehmer wurden zur Auswertung summiert. Es ist deutlich zu erkennen, dass die **Personen 3 und 4** über eine niedrige Selbstwirksamkeitserwartung verfügen, weil sie mit ihren Werten zwischen 23 bis 32 Punkten liegen. Das zeigt, dass diese Personen misserfolgsorientiert bzw. extrinsisch (z.B. durch Vorteile, die sich aus ihren Handlungen ergeben) motiviert sind.

Die **Personen 1, 2 und 5** liegen mit ihren Werten zwischen 52 und 84 Punkten, was zeigt, dass sie eine normale bis gut ausgeprägte Selbstwirksamkeitserwartung haben und erfolgsorientiert handeln. Ihren Erfolg schreiben sie sich selbst zu (intrinsische Motivation).

Zusammenfassend lässt sich erkennen, dass die Personen aus meinem beruflichen Umfeld über eine höhere Selbstwirksamkeitserwartung verfügen, als die Personen aus meinem privaten Umfeld. Mögliche Gründe dafür sind, dass die Personen aus meinem beruflichen Umfeld sich täglich mit der Thematik Ernährung auseinander setzen und sich dadurch über ein gesünderes Essverhalten Bewusst sind.

1.3 Wissenschaftliche Studie zum Thema „Selbstwirksamkeitserwartung"

1.3.1 Studienauswertung

Tab. 2: Auswertung der Studie

Autorin der Studie	Sabine Ruholl
Jahr	2007
Titel	Selbstwirksamkeit als Indikator für psychische Störungen
Fragestellungen	1. Frage: Steht Selbstwirksamkeit und verschiedene Diagnosen bei psychisch erkrankten Patienten in einem Zusammenhang? (Ruholl, 2007, S.32) 2. Frage: „Existiert ein Zusammenhang zwischen der Selbstwirksamkeit und somatopsychosozialen Variablen?" (Ruholl, 2007, S.32) 3. Frage: Zeigt der Verlauf einer Therapie auf der psychosomatischen Station Korrelationen zur Selbstwirksamkeit? (Ruholl, 2007, S.32) 4. Frage: „Gibt es eine Beziehung der Selbstwirksamkeit zur „Inanspruchnahme" des Patienten bezüglich der Bedarfsmedikation?" (Ruholl, 2007, S.32)
Stichproben	Diese Studie erstreckte sich von 1995-98. Für die Untersuchung wurden drei verschiedene Patientengruppen einbezogen: 602 ambulante Patienten (Fragebögen vor dem Erstgespräch ausgefüllt), 98 stationäre Patienten (Fragebögen bei der stationären Aufnahme und Entlassung ausgefüllt) und 181 stationäre Patienten (Fragebögen vor dem Erstkontakt mit dem Therapeuten, bei stationärer Aufnahme und Entlassung ausgefüllt). Die Altersspanne lag zwischen „unter 20" bis „Über 60" (Ruholl, 2007, S. 36-37)
Materials / Tests	„Die Studie wurde mit Hilfe mehrerer Fragebögen durchgeführt, welche die Bereiche Selbstwirksamkeit, körperliche Beschwerden, Depression, Angst und interpersonelle Probleme testen. Im einzelnen kamen zum Einsatz der GKE so-

	wie der ASF, welche die allgemeine sowie im Fall des ASF die in verschiedene Dimensionen aufsplitterbare Selbstwirksamkeit erheben, der GBB als Test für körperliche Beschwerden, der HADS-D für Angst und Depression und der IIP, der sich mit den interpersonellen Problemen beschäftigt" (Ruholl, 2007, S.38)
Untersuchungsdesign	„Die Fragebögen wurden vor dem Erstgespräch mit dem Therapeuten in der Ambulanz und gegebenenfalls bei der stationären Aufnahme und Entlassung durch Doktoranden verteilt. Dabei wurden die Patienten angehalten, die Fragebögen inhaltlich selbständig zu bearbeiten, um eine objektive Auswertung der Daten zu ermöglichen. Formale Fragen wurden von den Doktoranden beantwortet." (Ruholl, 2007, S. 41)
Ergebnisse	**Zu der 1. Frage:** „Die Ergebnisse bestätigen insgesamt die Hypothese, dass Patienten mit verschiedenen psychischen Störungen auch unterschiedliche Selbstwirksamkeitserwartungen haben." (Ruholl, 2007, S. 50) **Zu der 2. Frage:** Eine geringere Selbstwirksamkeit hängt mit höherer Depressivität, Ängstlichkeit und interpersonellen Problemen zusammen. (Ruholl, 2007, S. 55) **Zu der 3. Frage:** „Diese Ergebnisse lassen deutliche Zusammenhänge zwischen der Veränderung der Selbstwirksamkeit und der Veränderung der somatopsychosozialen Faktoren wie Angst, Depression, körperlichen und interpersonellen Problemen im Rahmen der Therapie erkennen. Bei der spezifischen Selbstwirksamkeit bezogen auf die Interaktion sieht man die stärksten Korrelationen." (Ruholl, 2007, S.59) **Zu der 4. Frage:** „Abschließend kann man sagen, dass die Einnahme der Beruhigungsmedikamente signifikant mit der allgemeinen Selbstwirksamkeit, gemessen durch GK und ASF bei der stationären Aufnahme, zusammenhängt. Je höher die Kompetenzerwartung ist, desto weniger Beruhi-

	gungsmedikamente konsumieren die Patienten auf der Station." (Ruholl, 2007, S.64)

2. Literaturrecherche: Ernährungsverhalten

2.1 Definition von Ernährungsverhalten

„Ernährungsverhalten ist die Gesamtheit geplanter, spontaner oder gewohnheitsmäßiger Handlungsvollzüge von Individuen oder sozialen Gruppen, mit denen Nahrung beschafft, zubereitet, verzehrt und nachbereitet wird. Dabei umfasst das Ernährungsverhalten sowohl Einflussfaktoren als auch Auswirkungen aus den Dimensionen Gesundheit, Umwelt, Gesellschaft und Wirtschaft entlang der gesamten Produktkette von Lebensmitteln. (Leonhäuser et al. 2009, S.20)

2.2 Theoretische Grundlagen

Ernährungsverhalten als Thematik enthält einen hohen Umfang an Bereichen mit denen man sich auseinandersetzen kann. Man kann sich zum einen auf die Entstehung menschlicher Ernährungsverhalten und die damit folgenden Schwierigkeiten (Krankheiten) befassen oder man setzt sich mit dem Gebiet der Lebensmittelverarbeitung und der Nahrungsaufnahme auseinander. Zur ersten Thematik besteht die Option, sich genauer mit mögliche Interventions- und Präventionsabläufe zu befassen.

2.3 Entstehung

Biologische, psychologische und soziale Einflussfaktoren bilden zusammen das Ernährungsverhalten des Menschen.
Die Hormone, der Füllungszustand des Magens, sowie die Hunger- und Sättigungsregulation ordnen sich den biologischen Faktoren zu.
Bei den psychischen Einflussfaktoren spielen Emotionen und kognitive Faktoren eine wichtige Rolle. Negative Emotionen führen häufig zu einem erhöhten Appetit. Kognitive Faktoren werden in den zwei Punkten Risikoeinschätzung und Wirksamkeitserwar-

tung unterteilt. Diese Unterpunkte sind ausschlaggebend bei der Einschätzung (gesund oder ungesund) und bei der Einhaltung der Ernährung.

Soziale Normen, soziale Unterstützung, soziodemographische Variablen und soziale Vergleichsprozesse sind Unterteilungen sozialer Einflussfaktoren. Die von der Gesellschafft gegebenen Wertvorstellungen sind soziale Normen. Die Hilfe von Freunde und Familie ist die soziale Unterstützung. Bei den soziodemographischen Variablen wird Geschlecht, Alter und der soziale Status der Person beschrieben. Beim sozialen Vergleichsprozess identifiziert sich eine Person mit ähnlichen Menschengruppen. (Pietrowsky, 2006, S. 180-184)

2.4 Überblick über aktuelle Daten und Zahlen

„Frauen essen gesünder als Männer." Das ist das Ergebnis der Studie: „Iss was, Deutschland?" 74% der Frauen sagten, dass sie sich immer bzw. überwiegend gesund ernähren. Bei den Männern liegt die Zahl bei 52%. (TK, 2013, S. 5)
Laut den Ergebnissen kann man auch feststellen, dass ältere Menschen sich eher gesünder ernähren (41%) im Vergleich zu Jugendlichen zwischen 18 und 25 (10%). (TK, 2013, S. 6)

Das Einkommen spielt bei der Ernährung eine entscheidende Rolle. Personen mit einem Haushaltseinkommen von über 4000€ ernähren sich im Schnitt gesünder (74%) als Personen mit einem Einkommen von bis zu 1500€ (61%). 23% der Spitzenverdiener achten eher weniger auf ihre Ernährung, hingegen sind es bei den Geringverdiener 31%. (TK, 2013, S. 7)

2.5 Präventions- und Interventionsprogramme zur Reduktion von Gesundheitsrisiken

Bei Kindern ist eine frühzeitige Erziehung zum gesunden und kalorienarmen Essverhalten ausschlaggebend zur Vermeidung zukünftiger Fettleibigkeit und anderen Krankheiten. Diese Erziehung muss von allen Bezugspersonen (Erzieher, Lehrer) des Kindes umgesetzt werden.

Das Gesundheitswissen (Aufklärung über gesunde Ernährung), die Wirksamkeitserwartung sowie das soziale Umfeld eines Erwachsenen spielen eine tragende Rolle bei der

10

Ernährungsgestaltung. Selbsthilfegruppen können bei der Ernährungsumstellung unterstützend sein, dabei sollte nicht von einer Diät gesprochen werden. (Pietrowsky, 2006, S. 189-192)

2.6 Konsequenzen für eine gesundheitsorientierte Beratung

In einer gesundheitsorientierten Beratung müssen primär und sekundär Präventionsverfahren erläutert werden, das heißt es muss auf das Vorbeugen von Krankheiten, sowie auf bereits vorhandene gesundheitliche Probleme eingegangen werden. Eine Konsequenz kann die Vermeidung von späterer Fettleibigkeit sein. (Hauner, 1996, S. 36)

3. Beratungsgespräch zum Thema „Übergewicht"

Fallbeispiel 1: Frau R. ist 30 Jahre alt und hat zwei Kinder im Alter von sieben und vier Jahre. Sie ist als Sekretärin tätig und arbeitet 20 Stunden in der Woche. Da sie wenig Zeit hat, keinen Sport treibt und sich unregelmäßig ernährt, ist sie mit ihrer Figur unzufrieden und möchte aus dem Grund ihr Gewicht reduzieren.

3.1 Das Transtheoretische Modell (TTM)

Das TTM Modell wird in fünf Phasen unterteilt und beschreibt die Verhaltensänderungen eines Menschen. Diese Stufen werden in folgender Reihenfolge durchgegangen: Absichtslosigkeit, Absichtsbildung, Vorbereitung, Handlung und Aufrechterhaltung. Die einzelnen Stufen können mehrmals durchlaufen werden, die Reihenfolge kann jedoch nicht übersprungen werden. (Pieter, 2015, S. 245)

3.1.1 Verhaltensveränderungsprozess

Frau R. (Fallbeispiel 1) ist sich bewusst, dass Sportvernachlässigung und unregelmäßige Ernährung zu Übergewicht geführt hat. Dies bewirkte eine Unzufriedenheit mit ihrer Figur, daher entschloss sie sich ihr Gewicht zu reduzieren. Dabei wird sie professionelle Hilfe brauchen, da sie nicht weiß wie sie das machen soll. Anhand dieser Erkenntnis kann man sagen, dass Frau R. sich in der zweiten Stufe (Absichtsbildung) des Transtheoretische Modell befindet.

3.1.2 Gesundheitspsychologische Ziele

Während des Beratungsgesprächs muss man sich auf folgende Ziele fokussieren: Abwägung der Vor- und Nachteile, sowie die Reduktion vorhandener Risiken. Realistische Ziele müssen klar vor Augen gesetzt werden und vor allem müssen sie für die Kundin realisierbar sein (passender Weg aufzeigen). Als nächstes müssen wir uns auf eine Lösung konzentrieren, die zukünftig realisierbar ist. Die Gedanken der Vergangenheit müssen vergessen werden. Ein weiteres Ziel ist die Motivation: Um diese hoch zu halten, müssen wir auf die positiven Folgen der Verhaltensänderung eingehen, damit ihre Motivation nicht reduziert wird.

3.2 Rolle des Beraters

Damit ein Beratungsgespräch erfolgreich absolviert wird, muss man zunächst ein paar wichtige Aspekte beachten. Der wichtigste Punkt dabei ist, dass der Berater auf den Kunden eingeht und sich mit seinen Problem und Ziele auseinandersetzt. Für den Informationsgewinn muss der Berater aktiv zuhören und offene Fragen stellen. Er sollte für den Kunden als Bezugsperson bereit stehen.

Die **Kommunikation** zwischen beiden spielt eine ausschlaggebende Rolle, diese kann sowohl in verbaler als auch nonverbaler Form stattfinden. Der Inhalt des Gesprochenen dient als Austausch von Informationen zwischen dem Berater und dem Kunden. Dabei ist zu beachten, dass keine Fremdwörter benutzt werden und der Inhalt kurz aber informativ rüber gebracht wird.

Bei der nonverbalen Kommunikation sollte der Berater auf Gestik, Mimik, Blickkontakt und Stimme achten. Wenn der Berater überzeugend wirkt und einen sympathischen Eindruck beim Kunden hinterlässt, kann dadurch eine positive Beziehungsebene aufgebaut werden. An dieser Stelle ist eins noch zu beachten: die **Haltung**. „Die Körperhaltung ist sehr umfassend. Man kann dazu die Haltung des Körpers sowohl beim Stehen, Gehen als auch beim Sitzen zählen. Zur Körperhaltung gehört aber die Haltung des Kopfes oder der Abstand von Gesprächspartnern." (Schlaffke, Pünnecke, 2015, S. 43)

3.3 Gesprächsverlauf

Frau R. hat ein Termin für ein Beratungsgespräch und betritt das Studio. Ich (Elisabete Ferreira) werde ihre Beraterin sein. Davor habe ich mich mental vorbereitet: Ich bin überzeugt und habe Spaß daran ihr meine Dienstleistung als Problemlösung anbieten zu können.

Erste Kontaktaufnahme:

Elisabete F.: „Schönen guten Morgen Frau R., mein Name ist Elisabete Ferreira und ich bin heute ihre Beraterin (Handschlag), haben Sie gut her gefunden?"

Frau R.: „Guten Morgen Frau Ferreira, ja ich wohne gleich um die Ecke"

Elisabete F.: „Das ist ja super praktisch. Ich würde vorschlagen wir setzten uns an diesen Tisch, wo wir uns ungestört unterhalten können. Darf ich Ihnen etwas zu trinken anbieten?" **(Nice-to-have-Faktoren)**

Frau R.: „Dankeschön, ein Glas Wasser hätte ich gerne."

Elisabete F.: „Bitte sehr!.. Frau R. was führt Sie denn heute zu uns?"

Frau R.: „Ich überlege mir schon seit längerer Zeit professionelle Hilfe aufzusuchen. Ich würde gerne paar Kilos verlieren (lächelnd) aber ich weiß nicht genau, wie ich anfangen soll."

OPAL - Fragemethode:

Elisabete F.: „Ich werde Ihnen gerne dabei helfen, effektiv ihr Wunschgewicht zu erreichen. Zunächst bräuchte ich etwas nähere Informationen über Sie, z.B. was Sie beruflich machen, wie ihr Alltag aussieht und wie Sie ihr Essverhalten gestalten" (Orientierungsfragen)

Frau R.: „Ich bin als Sekretärin in der Stadtverwaltung tätig und arbeite 20 Stunden in der Woche. Früher war ich sportlich aktiv, aber da ich jetzt zwei Kinder im Alter von 4 und 7 Jahre habe, bleibt mir kaum Zeit für Sport. Wenn die Kinder in der Schule/Kindergarten sind, gehe ich arbeiten. In der Mittagszeit hole ich sie ab und bin bis abends mit dem Haushalt, Einkaufen und den Kindern beschäftigt. Dabei bleibt mir keine Zeit um mich regelmäßig und ausgewogen zu ernähren."

Elisabete F.: (Notizen gemacht während Fr. R. gesprochen hat →Wertschätzung und Kompetenz zeigen → Gute Beziehungsebene aufbauen)

	„Ich kann Sie vollkommen verstehen, sie sind überfordert... Aber was hat
	Sie an erster Stelle dazu gebracht, dass Sie was ändern möchten?" (Prob-
	lemfrage)

Frau R.: „Es hat so angefangen, dass ich mich bei meinem Spiegelanblick unwohl fühle. Mein Mann hat auch schon öfter gesagt, dass ich mit dem Sport wieder anfangen sollte um mein Übergewicht zu bekämpfen."

Elisabete F.: „Wissen Sie, was außerdem passieren kann, wenn Sie sich weiterhin ungesund ernähren und nicht sportlich aktiv sind?" (Auswirkungsfrage)

Frau R.: „Ja, mir ist bewusst, dass ich dadurch auch viel schneller an Diabetes oder an Herz-Kreislauf-Erkrankungen leiden kann."

Elisabete F.: „Das ist richtig Frau R., haben Sie schon den Gedanken gehabt, dass Sie die Situation geändert haben könnten, wenn es später zu einer Erkrankung kommen sollte?" (Lösungsfrage)

Frau R.: „Eigentlich habe ich noch nie dran gedacht, aber Sie haben recht, mit dem Gedanken könnte ich wahrscheinlich schwer leben."

Elisabete F.: „Dann würde ich Sie jetzt drum bieten, dass Sie auf diesem Blatt Papier aufschreiben, welche Vor- und Nachteile für eine Verhaltensveränderung sprechen."

Frau R.:

Tab. 3: Kosten-Nutzen-Analyse für eine Verhaltensänderung

NACHTEILE	VORTEILE
→ kostet Geld	→ besseres Wohlbefinden
→ Weniger Zeit für Familie und Freunde	→ geringeres Krankheitsrisiko
	→ mehr Selbstbewusstsein
	→ schönere Figur
	→ bessere Beweglichkeit

Elisabete F.: „Wenn Sie sich die Vor- und Nachteile anschauen, dann stellen Sie fest, dass die Vorteile überwiegen. Was würden Sie sagen, wie viel Prozent sind Sie bereit an Ihrem Verhalten langfristig was zu ändern?"

Frau R.: „Ich würde mal sagen um die 75%."

Elisabete F.:	„Das ist schon mal ein guter Anfang, welche Bedenken haben Sie bei den restlichen 25%?"
Frau R.:	„Ich bin mir nicht sicher, ob ich das zeitlich hinkriege und ob es mir leicht fallen wird mein Essverhalten zu ändern."
Elisabete F.:	„Das ist nachvollziehbar (nickend). Wie viel Kilo haben Sie sich den vorgestellt in nächster Zeit abzunehmen?"
Frau R.:	„Ich würde gern mein altes Gewicht erreichen. Da müsste ich ca. 20 Kilo abnehmen"
Elisabete F.:	„Ich finde es schön, dass Sie ein klares Ziel schon vor Augen haben, deswegen würde vorschlagen, dass wir uns erstmal Teilziele setzen. Überlegen wir uns zusammen, wie anhand der **SMART-Formel** ihr Alltag ab sofort aussehen soll. Dabei achten wir darauf, dass das erste Teilziel spezifisch, messbar, attraktiv, realistisch und terminiert ist."
Frau R.:	„Dann werde ich ab sofort zwei Mal die Woche für ca. eineinhalb Stunden ins Fitnessstudio gehen, wo ich Kurse besuche, die mir Spaß bereiten. Alle zwei Wochen werde ich auch beim Ernährungsberatungskurs, der montags von 17:15 – 18Uhr stattfindet, teilnehmen. So werde ich anfangen gesünder zu kochen und regelmäßiger zu essen, so dass ich jeden Monat ca. 4 Kilo abnehme. Außerdem werde ich mit meiner Familie am Wochenende gemeinsam in den Park spazieren gehen."
Elisabete F.:	„Das hört sich sehr realistisch an Frau R.! Dann würde ich zum Abschluss noch mit Ihnen besprechen, womit Sie sich belohnen möchten. Was bereitet Ihnen Spaß?"
Frau R.:	(lächelnd) „Ich gehe sehr gerne shoppen, aber dadurch, dass ich mich in letzter Zeit mit meinem Körper unwohl fühle, habe ich das shoppen nachgelassen."
Elisabete F.:	„Das ist dann doch mal eine hervorragende Idee. Wenn Sie es schaffen die 4 Kilo abzunehmen, gehen Sie einen Tag lang shoppen! Dann können Sie ja sogar eine Größe kleiner nehmen" (lächelnd)
Frau R.:	„Das hört sich wirklich viel versprechend an."
Elisabete F.:	„Super, dann wären wir für heute fertig. Ich erwarte Sie in drei Tage wieder! Schönen Tag noch Frau R."
Frau R.:	„Ich werde da sein! Danke sehr für Ihre Bemühung, schönen Tag Ihnen auch Frau Ferreira."

4. Literaturverzeichnis

Hauner, H. (1996). Gesundheitsrisiken von Übergewicht und Gewichtszunahme. Deutsches Ärzteblatt, 93(51-52), 35. Zugriff am 23.06.2016 Verfügbar unter https://www.aerzteblatt.de/pdf/93/51/a3405_9.pdf

Leonhäuser I-U, Meier-Gräwe U, Möser A, Zander U, Köhler J: Essalltag in Familien. Ernährungsversorgung zwischen privatem und öffentlichem Raum. VS Verlag für Sozialwissenschaften, Wiesbaden, 2009 Zugriff am 25.06.2016 Verfügbar unter https://www.mri.bund.de/de/institute/ernaehrungsverhalten/

Pieter, A. (2015). *Studienbrief Psychologie des Gesundheitsverhaltens* [rev.14.014.000]. Saarbrücken: Deutsche Hochschule für Prävention und Gesundheitsmanagement.

Pietrowsky, R.: Renneberg, B., & Hammelstein, P. (Eds.). (2006). Gesundheitspsychologie. Springer-Verlag.

Ruholl, S. (2007). Selbstwirksamkeit als Indikator für psychische Störungen -Status und Verlauf- (Von der Medizinischen Fakultät der Rheinisch-Westfälischen Technischen Hochschule Aachen zur Erlangung des akademischen Grades einer Doktorin der Medizin genehmigte Dissertation) Zugriff am 12.07.2016 Verfügbar unter http://publications.rwth-aachen.de/record/62753/files/Ruholl_Sabine.pdf

Schlaffke, W. & Plünnecke, A. (2015). *Studienbrief Beratungs- und Servicemanagement* [rev.14.014.000]. Saarbrücken: Deutsche Hochschule für Prävention und Gesundheitsmanagement.

Schwarzer, R. (2004). Psychologie des Gesundheitsverhaltens: Einführung in die Gesundheitspsychologie. Hogrefe Verlag. (S. 12-20) Zugriff am 16.07.2016 Verfügbar Unter https://books.google.de/books?hl=de&lr=&id=ubR_l2lfZsC&oi=fnd&pg=PP6&dq=Schwarzer,+R.+%282004%29.+Psychologie+des+Gesundheitsverhaltens:+Einf%C3%BChrun

g+in+die+Gesundheitspsychologie.+Hogrefe+Verlag.+%28S.+12-
20%29&ots=Do8ItgJcJS&sig=EMHNclDWANSYCdCk-
2vrD9_CF3k#v=onepage&q&f=false

Techniker Krankenkasse (2013): Iss was, Deutschland? - TK-Studie zum Ernährungsverhalten der Menschen in Deutschland. Hamburg: Techniker Krankenkasse Pressestel-
le.

Zugriff   am   20.06.2016   Verfügbar   unter
https://www.tk.de/centaurus/servlet/contentblob/498464/Datei/77326/TK_Studienband_
zur_Ernaehrungsumfrage.pdf

5. Abbildungs- und Tabellenverzeichnis

5.1 Abbildungsverzeichnis

Abb. 1: Auswertung des Fragebogens zur spezifischen Selbstwirksamkeit zur gesunden
Ernährung" (eigene Darstellung)

5.2 Tabellenverzeichnis

Tab. 1: Itemanalyse der Skala zur spezifischen Selbstwirksamkeit zur gesunden Ernährung (Gölz et al., 1998, S.39)

Tab. 2: Auswertung der Studie

Tab. 3: Kosten-Nutzen-Analyse für eine Verhaltensänderung

BEI GRIN MACHT SICH IHR WISSEN BEZAHLT

- Wir veröffentlichen Ihre Hausarbeit,
  Bachelor- und Masterarbeit

- Ihr eigenes eBook und Buch -
  weltweit in allen wichtigen Shops

- Verdienen Sie an jedem Verkauf

Jetzt bei www.GRIN.com hochladen
und kostenlos publizieren